Italian
Spontaneo

旅で役立つイタリア語のフレーズ

ヤコポ・ゴリーニ　著
訳: 尾脇　里佳

"カメの歩み" で学ぶイタリア語:
基本会話 オーディオ教材 フラッシュカード

 CaffèScuola Books

A Rika, con grande affetto. Jacopo

目次

この本の使い方

外国語を学ぶためには、シンプルかつ確実な方法で繰り返し続けることが効果的です。このフレーズ集は、私と生徒たちの間で名付けた "カメの歩み" という方法に基づいて作られています。

なぜそう名付けたのか？ カメの歩みはゆっくりですが、確実な歩みだからです。このメソッドは、南カリフォルニア大学のステファン・クラシェン教授によって編み出されました。外国語を学ぶ上で、リラックスした環境で聞くことと繰り返すことに主眼を置いて、自然に外国語を理解し、フレーズをしっかり記憶していくことを目的としています。この方法を通して、文法や頭の中での置き換えに惑わされることなく、より自然にイタリア語を話せるようになる効果をもたらします。

わずか数週間のうちには、あなた自身が進歩に驚かれるでしょう。フレーズや単語をしっかりと記憶にとどめることが、これほどシンプルにできるものかを理解していただけるはずです。このテキスト一冊で、およそ３００語のイタリア語、旅先での様々な状況で役立つフレーズが習得できます。特に、自然な日常会話に必要なフレーズを毎日声に出す習慣が身に付きます。聞き取り練習で必要な mp3 のダウンロード方法については、テキストの最終ページを参照してください。

さあ、はじめましょう！

ヤコポ・ゴリーニ

"カメの歩み" で学ぶ５つの練習

毎日同じ項目のフレーズを繰り返すことを心がけましょう。たとえば最初の一週間は "はじめまして" の項目のフレーズを、月曜日から" カメの歩み "の５つのやり方に基づいて繰り返しましょう。続けて火曜日も同じ項目を同じ方法で一週間続けます。

次の週からは新しい項目に進み、この繰り返しを最後まで続けていきましょう。

毎日繰り返す "カメの歩み" の５つの練習

1. 聞く 読む: mp3: 1 - Ascolta e Leggi (聞く 読む) フレーズを聞きながら読みましょう。
2. 聞く 繰り返す: mp3: 2 - Ascolta e Ripeti （聞く 繰り返す）会話を聞き、声に出して繰り返します。最初のうちはフレーズを見ながらやってみましょう。
3. 聞く 答える: mp3: 3 - Ascolta e Rispondi （聞く 答える）会話の最初の問いかけのフレーズを聞き、それに対して答えてみましょう。そのあと正しい答えを聞きます。
4. 聞く 書きとる: mp3: 4 - Ascolta e Scrivi （聞く 書く）フレーズを聞き、実際に書き取ってみます。テキストで正しく書けたかチェックしてみましょう。
5. フラッシュカードを使った学習: 各項目のフラッシュカードを切り取ってください。まず日本語で書かれたフレーズや絵を見て、イタリア語では何と言うか実際に声に出して言ってみましょう。カードの裏を見てチェックしてみます。正しく言えたら、そのカードを別に置いて、次のカードに進みます。まちがえたら、何回か繰り返し、そのカードをカードの束の下に戻してください。正しく言えたカードも一緒にして、その日のフラッシュカードをもう一度繰り返してみましょう。

一週間同じ項目を繰り返し、次に進みましょう。
新しい項目に進んでも、毎日やり終えたフラッシュカードを加えて練習してください。

Conoscersi はじめまして

1.
– Ciao! Come ti chiami?
– Mi chiamo Jacopo.
Piacere.

1.
やあ、名前はなんていうの?
ヤコポだよ、はじめまして。

2.
– Non capisco... Puoi
ripetere, per favore?
– Certo.

2.
わからないのだけど... もう
一度言ってもらえる?
もちろん。

3.
– Parli italiano?
– Un poco.

3.
イタリア語を話せるの?
ちょっとだけなら。

4.
– Di dove sei?
– Sono giapponese, di
Tokyo.

4.
どちらの出身なの?
日本人だよ。東京から来た
んだ。

5.
– Che lavoro fai?
– Sono insegnante.

5.
どんなお仕事してるの?
教師をしているんだ。

6.
– Per quanto tempo sei
in Italia?
– Per tre settimane.

6.
イタリアにはどのくらい滞
在するの?
３週間だよ。

7.
– Da quanto tempo sei in
Italia?
– Da pochi giorni.

7.
いつからイタリアにいるの?
まだほんの数日なんだ。

8.
– Ti piace Roma?
– Sì, mi piace molto.

8.
ローマは好き？
うん、とても気に入ってる
よ。

9.
– Qual è il tuo numero di telefono?
– 0123456789

9.
電話番号は？
0123456789

io

tu

lui

lei

話す

noi

voi

loro

Parlare
io parlo — tu parli
lui/lei parla — noi parliamo
voi parlate — loro parlano

~である

行う、する

わからないのだけど...

もう一度言ってもらえる?

Essere

io sono — tu sei

lui/lei è — noi siamo

voi siete — loro sono

Fare

io faccio — tu fai

lui/lei fa — noi facciamo

voi fate — loro fanno

Non capisco...

Puoi ripetere, per favore?

10.
– Ciao! Come va?
– Bene, grazie. E tu?

10.
やあ、調子どう？
いいよ。ありがとう。きみ
はどう？

11.
– Ciao! Come stai?
– Così così. E tu?

11.
やあ！元気にやってる？
まあ、なんとかね。きみは
どう？

12.
– Buongiorno!
– Buongiorno!

12.
こんにちは。
こんにちは。

13.
– Buonasera!
– Buonasera!

13.
こんばんは。
こんばんは。

14.
– Prendiamo un caffè
insieme?
– Sì, volentieri!

14.
一緒にコーヒーでもどうで
すか？
ええ、よろこんで。

15.
– Pranziamo insieme?
– No, grazie. Ho già un
impegno.

15.
ランチを一緒にどうですか？
だめなんです、でもありが
とう。約束があるんです。

16.
– Ceniamo insieme?
– Stasera non posso, mi
dispiace. Facciamo
domani?
– Va bene!

16.
ディナーをいっしょにどう
ですか？
今晩はだめなんです。残念
だけど。明日はどうですか？
いいですよ。

17.
– A che ora ci incontriamo?
– Alle 7.

17.
何時に会いましょうか?
７時に。

18.
– Dove ci incontriamo?
– In Piazza Duomo.

18.
どこで会いましょうか。
ドーモ広場で。

19.
– Grazie della bella serata!
– Grazie a te, ci vediamo domani.

19.
とてもすてきな晩だったね。
ありがとう。
こちらこそ、ありがとう。
明日会いましょうね。

20.
– Arrivederci e grazie.
– Arrivederci!

20.
さよなら、ありがとう。
さよなら。

こんにちは。

こんばんは。

持つ

行く

Buongiorno!

Buonasera!

Avere
io ho — tu hai
lui/lei ha — noi abbiamo
voi avete — loro hanno

Andare
io vado — tu vai
lui/lei va — noi andiamo
voi andate — loro vanno

~にいる

取る もらう

ランチをとる

夕食をとる

Stare

io sto – tu stai
lui/lei sta – noi stiamo
voi state – loro stanno

Prendere

io prendo – tu prendi
lui/lei prende – noi prendiamo
voi prendete – loro prendono

Pranzare

io pranzo – tu pranzi
lui/lei pranza – noi pranziamo
voi pranzate – loro pranzano

Cenare

io ceno – tu ceni
lui/lei cena – noi ceniamo
voi cenate – loro cenano

21.
– Buongiorno. Desidera?
– Buongiorno. Un espresso, grazie.

21.
こんにちは。何になさいますか?
こんにちは、エスプレッソを。ありがとう。

22.
– Buongiorno. Vorrei un cappuccino.
– Ecco a Lei.

22.
こんにちは。カプチーノをおねがいします。
お待たせしました。

23.
– Buonasera. Vorrei un tè caldo.
– Con limone?
– Senza limone, grazie.

23.
こんばんは。ホットで紅茶をおねがいします。
レモンはつけますか?
レモンはなしで、ありがとう。

24.
– Buongiorno. Avete panini?
– Sì, abbiamo panini al prosciutto, al salame e vegetariani.

24.
こんにちは。パニーニはありますか?
ええ。ハム、サラミ、ベジタリアンのパニーニがあります。

25.
– Vorrei una spremuta d'arancia e un cornetto alla marmellata.
– Ecco a Lei.

25.
オレンジのフレッシュジュースとマーマレードのクロワッサンをおねがいします。
お待たせしました。

26.
- Vorrei un bicchiere di vino rosso.
- Quale?
- Un bicchiere di Chianti, grazie.

26.
赤ワインを一杯お願いします。
どれにしますか。
キャンティをグラス一杯、ありがとう。

27.
- Quant'è?
- 6,50 €

27.
いくらですか?
6.5 ユーロです。

28.
- Accettate carte di credito?
- No, mi dispiace. Accettiamo solo contanti.

28.
クレジットカードは使えますか。
いいえ、申し訳ありませんが。現金だけです。

29.
- Dov'è il bagno?
- In fondo a destra.

29.
トイレはどこですか。
右の奥です。

飲む

食べる

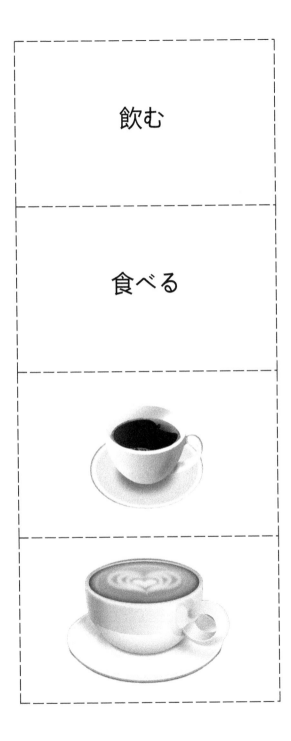

Bere
io bevo — tu bevi
lui/lei beve — noi beviamo
voi bevete — loro bevono

Mangiare
io mangio — tu mangi
lui/lei mangia — noi mangiamo
voi mangiate — loro mangiano

un caffè

un cappuccino

un tè al limone

una spremuta d'arancia

un bicchiere d'acqua

una bottiglietta
d'acqua naturale

una bustina di zucchero

una birra grande e
un vino rosso

un panino al prosciutto

una fetta di pizza

30.
– Vorrei prenotare un tavolo per due persone.
– A pranzo o a cena?
– A cena. Alle 8, se possibile.

30.
2名でテーブルの予約をしたいのですが。
ランチ？　ディナーでしょうか？
ディナーです。8時でお願いできますか？

31.
– Posso avere il menù?
– Certamente. Ecco a Lei.

31.
メニューを持ってきてもらえますか。
もちろんです。さあ、どうぞ。

32.
– Cosa mi consiglia?
– Gli spaghetti allo scoglio sono ottimi!

32.
なにかおすすめありますか？
シーフードスパゲティがおいしいですよ。

33.
– Avete piatti vegani?
– No, mi dispiace.

33.
ビーガン料理はありますか？
いいえ、申し訳ないのですが。

34.
– Volete ordinare?
– Sì, per me una pizza capricciosa e una birra media.

34.
ご注文なさいますか？
ええ、カプリチョーザのピザとハーフサイズのグラスでビールをお願いします。[1]

35.
– Cosa prende?
– Prendo pasta al ragù, un'insalata e dell'acqua naturale.

35.
なにになさいますか？
ミートソースのパスタ、サラダとミネラルウォーターをお願いします。

---

1 （ハーフサイズグラスはだいたい 350～400ml.)

36.
– Serve altro?
– Sì, vorremmo un litro di vino bianco della casa.

36.
ほかになにかいかがですか。
ええ、ハウスワインの白を1ℓ
ビンでお願いします。

37.
– Che dolci avete?
– Abbiamo tiramisù e panna cotta.

37.
デザートは何がありますか?
ティラミスとパンナコッタが
あります。

38.
– Il conto, per favore.
– Subito!

38.
お勘定をお願いします。
ただいま、すぐに。

39.
– Tenga il resto.
– Grazie.

39.
おつりはけっこうです
ありがとう

チップ

支払う

～したい、～がほしい

～できる、
～が可能である

la mancia

Pagare
io pago – tu paghi
lui/lei paga – noi paghiamo
voi pagate – loro pagano

Volere
io voglio – tu vuoi
lui/lei vuole – noi vogliamo
voi volete – loro vogliono

Potere
io posso – tu puoi
lui/lei può – noi possiamo
voi potete – loro possono

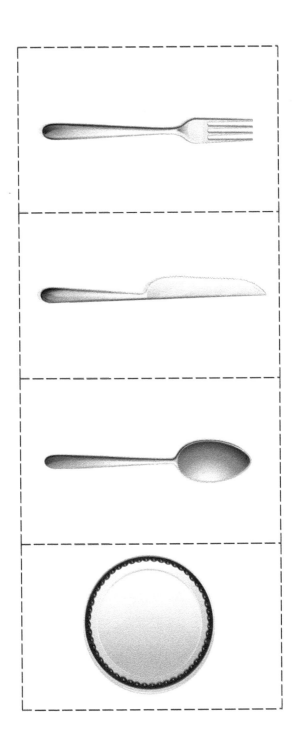

la forchetta

il coltello

il cucchiaio

il piatto

il tovagliolo

il sale e il pepe

l'olio e l'aceto

la sedia e il tavolo

40.
- Mi scusi, dov'è la stazione?
- Vai sempre dritto e al semaforo gira a destra.

40.
すみません、駅はどこでしょうか?
まっすぐ行って、信号を右に曲がったところですよ。

41.
- Mi scusi, dov'è una farmacia?
- Non lo so, mi dispiace.

41.
すみません、薬局はどこでしょうか?
さあ、知らないですね。申し訳ないけど。

42.
- Mi scusi, dov'è il teatro?
- Gira a sinistra, continua dritto fino alla piazza e sei arrivato.

42.
すみません、劇場はどこでしょうか?
左に曲がって、広場までまっすぐ行けば着きますよ。

43.
- Vorrei un biglietto per lo spettacolo delle 9.
- Sono 15 €.

43.
9時開演のチケットを一枚お願いしたいのですけど。
15 ユーロです。

44.
- Vorrei un biglietto di sola andata per Venezia.
- Sono 45 €. Si ricordi di timbrare il biglietto prima di salire sul treno.

44.
ベネチアまでの片道のチケットを1枚お願いします。
45 ユーロです。乗車前にチケットに日付を刻字することを忘れないようにしてくださいね。

45.
- Quanto costa un biglietto di andata e ritorno per Roma?
- 60 €

ローマまでの往復チケットはおいくらですか?
６０ユーロです

46.
- Mi scusi, questo posto è libero?
- No, mi dispiace, è occupato.

すみません、この席は空いてますでしょうか?
いいえ、申し訳ないですけど。空いてないです。

47.
- Mi scusi, che autobus va in centro?
- Il 41.

すみません、どのバスが中心街まで行きますか?
41番です。

48.
- Dove posso comprare il biglietto dell'autobus?
- Dal tabaccaio qui di fronte.

バスのチケットはどこで買えますか?
前のタバコ屋で買えますよ。

49. (in taxi)
- Buongiorno. Vorrei andare all'aeroporto.
- Va bene.

49. (タクシーの乗車で)
こんにちは。空港まで行きたいのですが。
わかりました。

散策する

続ける

la valigia

il taxi

Girare
io giro — tu giri
lui/lei gira — noi giriamo
voi girate — loro girano

Continuare
io continuo — tu continui
lui/lei continua — noi continuiamo
voi continuate — loro continuano

戻る

買う

月曜日、火曜日、
水曜日、木曜日、
金曜日、土曜日、
日曜日

今日
明日

Tornare

io torno — tu torni
lui/lei torna — noi torniamo
voi tornate — loro tornano

Comprare

io compro — tu compri
lui/lei compra — noi compriamo
voi comprate — loro comprano

lunedì, martedì,
mercoledì, giovedì,
venerdì, sabato,
domenica

oggi

domani

50.
– Buongiorno. Vorrei vedere la camicia rossa che è in vetrina.
– Certamente. Che taglia ha?
– La M.

50.
こんにちは。ショーウインドーの赤いシャツを見たいのですが。
もちろんです。サイズはいくつですか?
Mサイズです。

51.
– Posso provare questi pantaloni verdi?
– Ma certo! I camerini sono in fondo al corridoio.

51.
この緑のズボンを試着できますか?
ええ、もちろんですとも。
試着室は通路の奥にあります。

52.
– Avete una taglia più grande?
– No, mi dispiace.

52.
もう少し大きめのサイズはありますか?
いいえ、申し訳ありません。

53.
– Avete una taglia più piccola?
– Credo di sì. Guardo in magazzino.

53.
もう少し小さめのサイズはありますか?
あると思います。倉庫を見てきますね。

54.
– Vorrei una sciarpa blu.
– Mi dispiace. Abbiamo solo sciarpe gialle e arancioni.

54.
青いスカーフがほしいのですけど。
申し訳ありません。黄色とオレンジ色だけなんです。

55.
– Quanto costa questa borsa marrone?
– Costa 80 €.

56.
– Mi può fare uno sconto?
– No, mi dispiace.

57.
– Serve aiuto?
– No, grazie. Do solo un'occhiata.

55.
この茶色のバッグはいくらですか?
８０ユーロです。

56.
値引きしてもらえますか?
いいえ、申し訳ありません。

57.
なにかお役に立てますか?
ありがとう。ちょっと見てるだけですから。

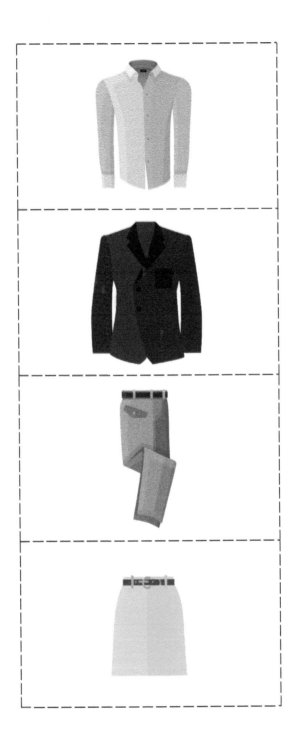

la camicia

la giacca

i pantaloni

la gonna

la maglietta

il vestito

il maglione

i pantaloncini

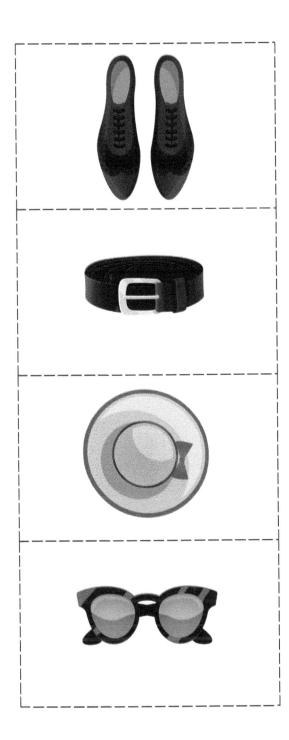

le scarpe

la cintura

il cappello

gli occhiali da sole

58.
– Buonasera. Ho prenotato online una camera per stanotte.
– Controllo subito. A che nome?
– Gorini.

58.
こんばんは。オンラインで今晩の部屋を予約してあります。
すぐに見てみますね。予約は何というお名前で?
ゴリーニです。

59.
– Vorrei una camera doppia per questo fine-settimana. È possibile?
– Mi dispiace, siamo al completo.

59.
今週末にダブルルームを予約したいのですが。できますか?
申し訳ありません。満室です。

60.
– Mi scusi, l'aria condizionata non funziona...
– Arrivo subito!

60.
すみません、冷房が効かないんです。
すぐにまいります。

61.
– È possibile avere un cuscino e una coperta in più?
– Certamente!

61.
枕と毛布をもう少しもらえますか?
もちろんですとも。

62.
– È possibile avere un altro asciugamano e della carta igienica?
– Certo. Li porto subito.

62.
もう一枚タオルとトイレットペーパーをもらえますか?
もちろんです。すぐにお持ちします。

63.
– C'è un buon ristorante qui vicino?
– Sì, di fronte all'albergo c'è un'ottima trattoria.

63.
このあたりにおすすめのレストランはありますか?
ええ、ホテルの前にとてもおいしい食堂がありますよ。

64.
– Mi scusi, è possibile cambiare camera? Questa è troppo piccola.
– Mi dispiace. Questa è l'ultima disponibile.

64.
すみませんが、部屋を換えてもらえますか? この部屋は小さすぎて。
申し訳ありません。最後の空き室なんです。

65.
– Vorrei pagare la camera. Accettate carte di credito?
– Certamente.

65.
宿泊代を支払いたいのですが。クレジットカードでいいですか?
もちろんです。

到着する

予約する

Arrivare
io arrivo — tu arrivi
lui/lei arriva — noi arriviamo
voi arrivate — loro arrivano

Prenotare
io prenoto — tu prenoti
lui/lei prenota — noi prenotiamo
voi prenotate — loro prenotano

il letto matrimoniale

l'asciugamano

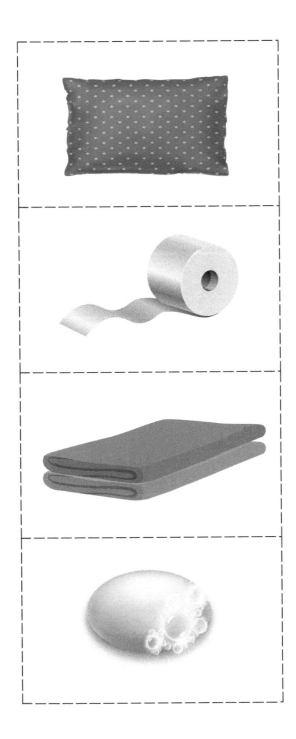

il cuscino

la carta igienica

le lenzuola

il sapone

昨日

あさって

来週

先週

ieri

dopodomani

la settimana prossima

la settimana scorsa

In farmacia 薬局で

66.
- Buongiorno, vorrei qualcosa per il mal di testa.
- Prenda questo medicinale una volta al giorno.

66.
こんにちは。頭痛に効くものをもらいたいのですが。
この薬を一日一回飲んでください。

67.
- Buonasera. Ho un forte mal di gola. Cosa posso prendere?
- Le consiglio questo sciroppo.

67.
こんばんは。のどがとても痛いんです。なにを飲めばいいでしょうか？
このシロップをおすすめします。

68.
- Ho un forte mal di denti. Vorrei un antidolorifico.
- Prenda queste pillole due volte al giorno a stomaco pieno.

68.
歯の痛みがひどいんです。鎮痛剤がほしいのですが。
食後に一日二回このカプセルを飲んでください。

69.
- Mi fa male la schiena...
- Prenda questa pomata antinfiammatoria.

69.
背中が痛むんです。
鎮痛の軟膏剤を使ってみてください。

70.
- Vorrei una confezione di cerotti e un disinfettante.
- Ecco a Lei.

70.
絆創膏ひと箱と消毒薬がほしいのですが。
はい、どうぞ。

71.
– Ho bisogno di questo medicinale.
– Mi dispiace. È necessaria la ricetta medica.

71.
この薬が必要なんです。
申し訳ありません。医師の処方箋が必要なんです。

72.
– Credo di avere l'influenza. Cosa posso prendere?
– Prenda una bustina di questo medicinale prima di andare a dormire.

72.
インフルエンザにかかったようなんです。なにを飲めばいいでしょうか。
寝る前にこの薬を一袋服用してください。

73.
– Buongiorno, sto molto male. Ho bisogno di un medico.
– Può andare al pronto soccorso in ospedale.

73.
こんにちは。気分がひどく悪いんです。医者に行かないと。
病院の救急室で診てもらえます。

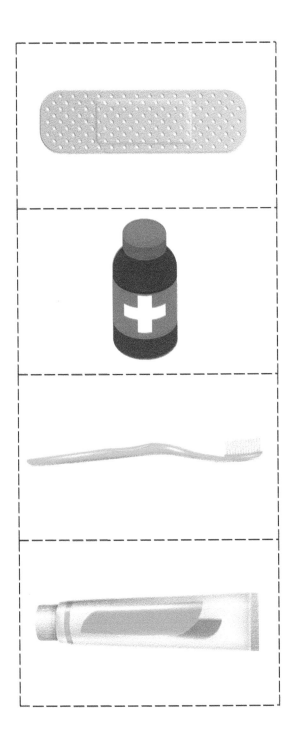

un cerotto

un disinfettante

uno spazzolino

un dentifricio

春

夏

秋

冬

primavera

estate

autunno

inverno

一月
二月
三月

四月
五月
六月

七月
八月
九月

十月
十一月
十二月

gennaio
febbraio
marzo

---

aprile
maggio
giugno

---

luglio
agosto
settembre

---

ottobre
novembre
dicembre

A, a	(a)	
B, b	(bi)	
C, c	(ci)	
D, d	(di)	
E, e	(e)	
F, f	(effe)	
G, g	(gi)	
H, h	(acca)	
I, i	(i)	
J, j	(i lunga)	
K, k	(cappa)	
L, l	(elle)	
M, m	(emme)	
N, n	(enne)	
O, o	(o)	
P, p	(pi)	
Q, q	(qu)	
R, r	(erre)	
S, s	(esse)	
T, t	(ti)	
U, u	(u)	
V, v	(vi)	
W, w	(vi doppia)	
X, x	(ics)	
Y, y	(ipsilon)	
Z, z	(zeta)	

I suoni difficili

CI – CE
CHI – CHE

GI – GE
GHI – GHE

SCI – SCE
SCHI – SCHE

GLI

GNO

www.italianospontaneo.com/alfabeto/

Parole utili 役立つ言葉

Dove? どこ?
Cosa? / Che cosa? なに?
Come? どのように?
Quando? いつ?
Perché? なぜ?
Quanto? どのくらい?
Chi? だれ?
Quale? どの? どんな?

io わたし
tu あなた(友だちや親しい間柄、カジュアルなシーンで使う)
lui 彼
lei 彼女
Lei あなた(フォーマルなシーンで使う二人称の敬称)
noi わたしたち
voi あなたたち
loro 彼ら、彼女たち

I colori 色

rosso あか
giallo きいろ
verde みどり
blu あお
rosa ピンク
arancione オレンジ色

viola むらさき
marrone ちゃいろ
grigio はいいろ
bianco しろ
nero くろ

I giorni della settimana　曜日

lunedì　月曜日

martedì　火曜日

mercoledì　水曜日

giovedì　木曜日

venerdì　金曜日

sabato　土曜日

domenica　日曜日

I mesi dell'anno　月

gennaio　一月

febbraio　二月

marzo　三月

aprile　四月

maggio　五月

giugno　六月

luglio　七月

agosto　八月

settembre　九月

ottobre　十月

novembre　十一月

dicembre　十二月

Le stagioni　季節

primavera　春

estate　夏

autunno　秋

inverno　冬

Il tempo　時

oggi　今日

ieri　昨日

ieri l'altro　おととい

la settimana prossima　来週

la settimana scorsa　先週

l'anno prossimo　来年

l'anno scorso　去年

domani　明日

dopodomani　あさって

I numeri 数

0: zero	**29**: ventinove
1: uno	**30**: trenta
2: due	**40**: quaranta
3: tre	**50**: cinquanta
4: quattro	**60**: sessanta
5: cinque	**70**: settanta
6: sei	**80**: ottanta
7: sette	**90**: novanta
8: otto	**100**: cento
9: nove	**150**: centocinquanta
10: dieci	**200**: duecento
11: undici	**300**: trecento
12: dodici	**1'000**: mille
13: tredici	**2'000**: duemila
14: quattordici	**3'000**: tremila
15: quindici	**10'000**: diecimila
16: sedici	**100'000**: centomila
17: diciassette	**1'000'000**: un milione
18: diciotto	**2'000'000**: due milioni
19: diciannove	
20: venti	**+** più
21: ventuno	**−** meno
22: ventidue	**:** diviso
23: ventitré	**x** per
24: ventiquattro	**=** uguale a
25: venticinque	
26: ventisei	**,** virgola
27: ventisette	
28: ventotto	

Dizionario 基本の単語

Italiano-Giapponese

accettare: 受け入れる

aceto: 酢

acqua frizzante: ミネラルウォーター(炭酸入り)

acqua naturale: ミネラルウォーター(炭酸なし)

aereo: 飛行機

aeroporto: 空港

allora: それでは

andata e ritorno: 往復

andare: 行く

antidolorifico: 鎮痛剤

antinfiammatorio: 抗炎症剤

arancia: オレンジ

arrivare: 到着する

arrivederci: さよなら

asciugamano: タオル

assorbente igienico: 生理用ナプキン

avere: 持つ

bello: 美しい: すてきな

bere: 飲む

bicchiere: グラス

biglietto: チケット、切符

birra: ビール

borsa: カバン

bottiglietta: ボトル

buonasera: こんばんは

buongiorno: こんにちは

bustina: 小袋、ティーバッグ

caffè: コーヒー

日本語ーイタリア語

空いている (席や場所が):
libero

空いていない (席や場所が):
occupato

アイスクリーム: gelato

明日: domani

後で: dopo

甘い (味) お菓子: dolce

ありがとう: grazie

胃: stomaco

いいえ: no

行く: andare

椅子: sedia

いっしょに: insieme

医者: medico

痛み (歯): mal di denti

痛み (頭痛): mal di testa

痛み (のど): mal di gola

いつも: sempre

インフルエンザ: influenza

ウインドーショッピング:
occhiata

受け入れる: accettare

美しい すてきな: bello

上着: giacca

駅: stazione

エスプレッソコーヒー:
espresso

往復: andata e ritorno

大きい: grande

行う、する: fare

cambiare: 換える
camera: 部屋
camerino: 試着室
camicia: シャツ、ブラウス
capisco (capire): 理解する
cappello: 帽子
cappuccino: カプチーノ
carta di credito: クレジットカード
carta igienica: トイレットペーパー
cena: 夕食
cenare: 夕食をとる
cerotto: カットバン、絆創膏
certamente: もちろんですとも
certo: もちろん、たしかに
cintura: ベルト
coltello: ナイフ
comprare: 買う
confezione: 包装済みのもの
cono: コーン（アイスクリームなどの）
consigliare: 勧める、助言する
contanti: 現金
continuare: 続ける
conto: 勘定
controllare: 点検する
controllo del passaporto: パスポート検査
coperta: 毛布、掛け布団
cornetto: クロワッサン
corridoio: 廊下、通路
costare: （値段が）～いくらする
cucchiaino: 小さめのスプーン

おつり　残り : resto
おねがいします : per favore
覚えている : ricordare
オリーブオイル　油 : olio
オレンジ : arancia
買う : comprare
換える　変更する : cambiare
数　番号 : numero
風邪 : raffreddore
片道のみ : sola andata
カップ : tazza
カップ（小さい）: tazzina
かばん : borsa
カプセル（薬など）: pillola
カプチーノ : cappuccino
からっぽ　混んでいない : vuoto
紙包み（薬）ティーバッグ : bustina
缶 : lattina
勘定 : conto
切符　チケット : biglietto
救急センター : pronto soccorso
今日 : oggi
空港 : aeroporto
薬 : medicinale
果物 : frutta
靴 : scarpe
グラス : bicchiere
繰り返す : ripetere
クレジットカード : carta di credito
クロワッサン : cornetto
劇場 : teatro

cucchiaio: スプーン
cuscino: まくら、クッション
dentifricio: 歯みがき粉
destra: 右
disinfettante: 消毒薬
dogana: 税関
dolce: 甘い、お菓子
domani: 明日
dopo: 後で
dritto: まっすぐ
espresso: エスプレッソ
essere: ～である
fare: 行う、する
farmacia: 薬局
fetta: スライス
fine settimana: 週末
forchetta: フォーク
frutta: フルーツ
gelato: アイスクリーム
giacca: ジャケット
giorno: 日
girare: 散策する
gonna: スカート
grande: 大きい
grazie: ありがとう
guardare: 見る
impegno: 約束、用事
incontrare: 出会う
influenza: インフルエンザ
insalata: サラダ
insieme: 一緒に
lattina: 缶
lenzuola: ベッドシーツ
letto matrimoniale: ダブルベッド

今朝：stamattina
現金：contanti
抗炎症剤：antinfiammatorio
紅茶　お茶：te
こしょう：pepe
コーヒー：caffè
ごめんなさい：scusami/mi scusi
これ：questo
今晩：stasera
今夜：stanotte
こんにちは：buongiorno
こんばんは：buonasera
コーン（アイスクリームの）：cono
サイズ：taglia
最後の：ultimo
砂糖：zucchero
さようなら：arrivederci
皿：piatto
皿（小皿）：piattino
サラダ：insalata
サラミ：salame
サングラス：occhiali da sole
散策する：girare
塩：sale
時間　天気：tempo
～しすぎ　多すぎる：troppo
仕事：lavoro
〜したい、〜がほしい：volere
支払う：pagare
試着室：camerino
消毒薬：disinfettante
週：settimana

libero: （席や場所が）空いている

limone: レモン

litro: リットル

maglietta: Tシャツ

maglione: セーター

male: 良くない

mal di denti: 歯痛

mal di gola: のどの痛み

mal di testa: 頭痛

mancia: チップ

mangiare: 食べる

marmellata: マーマレード

medicinale: 薬

medico: 医者

mezzo: 半分

no: いいえ

nome: 名前

numero: 数

occhiali da sole: サングラス

occhiata: ちらっと見ること（お店などでのウィンドショッピング）

occupato: （席や部屋が）空いていない

oggi: 今日

olio: オリーブオイル　油

ordinare: 注文する

pagare: 支払う

panino: パニーノ（丸形パンのサンドイッチ）

pantaloncini: ショートパンツ

pantaloni: ズボン

parlare: 話す

passaporto: パスポート

週末 : fine settimana

シロップ : sciroppo

シャツ　ブラウス : camicia

上演もの　ショー : spettacolo

ショーウインドー : vetrina

食堂 : trattoria

信号 : semaforo

酢 : aceto

スカート : gonna

スカーフ　ストール : sciarpa

すぐに : subito

勧める　アドバイスする : consigliare

スーツケース : valigia

スプーン : cucchiaio

スプーン（ティースプーン）: cucchiaino

ズボン : pantaloni

スライス : fetta

ズボン（ショートパンツ）: pantaloncini

税関 : dogana

生理用ナプキン : assorbente igienico

咳 : tosse

せっけん : sapone

背中 : schiena

セーター : maglione

それ　あれ : quello

それでは : allora

滞在税 : tassa di soggiorno

タオル : asciugamano

タバコ屋 : tabaccaio

ダブルベッド : letto matrimoniale

pasticcino: 小さなお菓子、パイ菓子

pepe: こしょう

per favore: おねがいします

permesso (in un posto affollato): 通してください(混雑した場所で)

persona: ひと

pezzo: 一切れ

piacere: 喜び、楽しみ: (あいさつの場合: はじめまして)

piattino: 小皿、取り皿

piatto: 皿

piazza: 広場

piccolo: 小さい

pieno: ～でいっぱい

pillola: (薬の) カプセル

pizza: ピザ

poco: わずか、ほんのちょっと

pomata: 軟膏剤

posto: 場所、席

potere: ～できる、～が可能である

pranzare: ランチをとる

pranzo: ランチ

prendere: 取る もらう

prenotare: 予約する

prima: ～より前に、以前に、最初に

pronto soccorso: 救急センター

prosciutto: ハム

provare: 試す

quello: それ、あれ

questo: これ

食べる : mangiare

試す : provare

小さい : piccolo

チップ : mancia

鎮痛剤 : antidolorifico

注文する : ordinare

疲れている : stanco

続ける　～し続ける : continuare

Ｔシャツ : maglietta

出会う : incontrare

～である : essere

～でいっぱい : pieno

～できる　～が可能だ : potere

テーブル : tavolo

点検する : controllare

電話 : telefono

トイレットペーパー : carta igienica

通してください(混雑した場所で) : permesso (in un posto affollato)

到着する : arrivare

取る　もらう : prendere

ナイフ : coltello

～なしで : senza

名前 : nome

ナプキン : tovagliolo

軟膏剤 : pomata

～にいる : stare

日時の刻印をする (列車の切符など) : timbrare

値引き : sconto

値段が～かかる : costare

raffreddore: 風邪
resto: おつり、残り
ricordare: 覚えている
ripetere: 繰り返す
ristorante: レストラン
salame: サラミ
sale: 塩
salire: 乗る、上がる
sapone: せっけん
scarpe: 靴
schiena: 背中
sciarpa: スカーフ
sciroppo: シロップ
sconto: 値引き
scusami/mi scusi: ごめんなさい
sedia: 椅子
semaforo: 信号
sempre: いつも
senza: ～なしで
serata: 夕方
settimana: 週
sì: はい
sinistra: 左
sola andata: 片道のみ
spazzolino: 歯ブラシ
spettacolo: 上演もの、ショー
spremuta: フレッシュジュース
stamattina: 今朝
stanco: 疲れている
stanotte: 今夜
stare: ～にいる
stasera: 今晩
stazione: 駅

飲む : bere
乗る　上がる : salire
はい : sì
パイ菓子　小菓子 : pasticcino
話す : parlare
ハム : prosciutto
パニーノ（丸形パンのサンドイッチ : panino
場所　席 : posto
パスポート : passaporto
パスポート検査 : controllo del passaporto
歯ブラシ : spazzolino
歯みがき粉 : dentifricio
ばんそうこう : cerotto
半分 : mezzo
日 : giorno
飛行機 : aereo
ビーガン : vegano
ピザ : pizza
左 : sinistra
ひと : persona
一切れ : pezzo
ビール : birra
広場 : piazza
フレッシュジュース : spremuta
フォーク : forchetta
ベジタリアン : vegetariano
ベッドシーツ : lenzuola
部屋 : camera
ベルト : cintura
包装 : confezione
帽子 : cappello
ボトル　ビン : bottiglietta

stomaco: 胃

subito: すぐに

tabaccaio: タバコ屋

taglia: 洋服のサイズ

tassa di soggiorno: 滞在税

tavolo: テーブル

tazza: カップ

tazzina: 小さいカップ

tè: 紅茶

teatro: 劇場

telefono: 電話

tempo: 時間 天気

timbrare:（列車の切符に）日付の押印をする

tornare: 戻る

tosse: 咳

tovagliolo: ナプキン

trattoria: トラットリア（レストランよりカジュアル）

treno: 列車、電車

troppo: ～しすぎている、多すぎる

ultimo: 最後の

valigia: スーツケース

vegano: ビーガン

vegetariano: ベジアリアン

vestito: ワンピース

vetrina: ショーウインドー

vino: ワイン

volere: ～したい、～がほしい

vuoto:（席や部屋が）空いている、からっぽ

zucchero: 砂糖

まくら　クッション：cuscino

まっすぐ：dritto

マーマレード：marmellata

右：destra

ミネラルウォーター（炭酸なし）：acqua naturale

ミネラルウォーター（炭酸入り）：acqua frizzante

見る　眺める：guardare

毛布　掛け布団：coperta

もちろん　たしかに：certo

もちろんですとも：certamente

戻る：tornare

持つ：avere

薬局：farmacia

夕食：cena

夕食をとる：cenare

夕方：serata

用事　約束：impegno

良くない：male

予約する：prenotare

～より前に　最初に：prima

喜び　楽しみ　（挨拶）はじめまして：piacere

ランチ：pranzo

ランチをとる：pranzare

理解する：capisco

リットル：litro

列車　電車：treno

レモン：limone

レストラン：ristorante

廊下　通路：corridoio

ワイン：vino

わずか　ほんの少し：poco

ワンピース：vestito

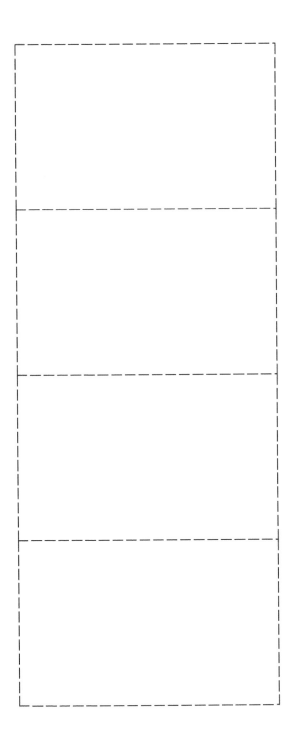

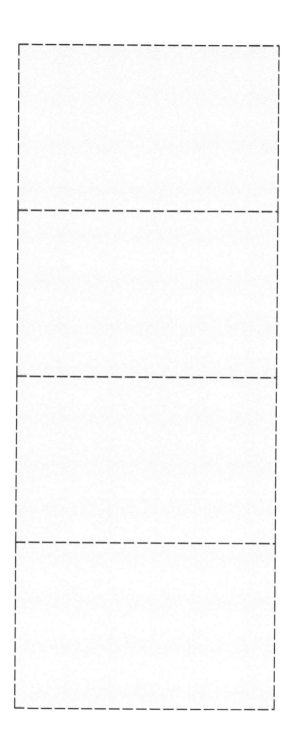

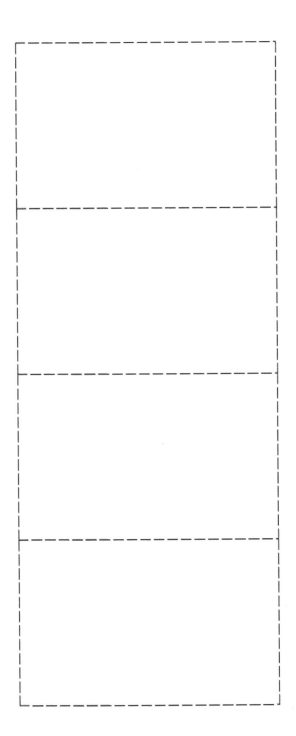

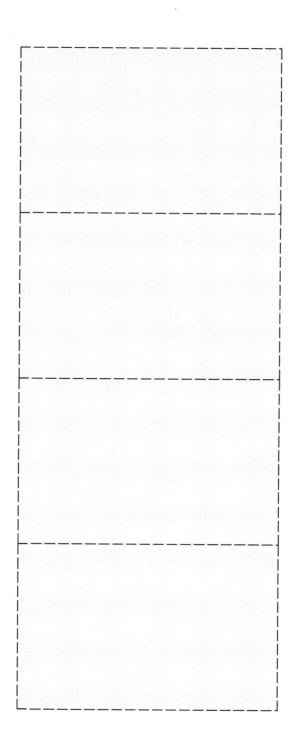

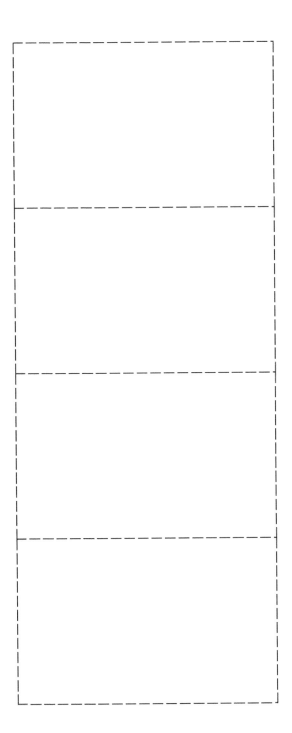

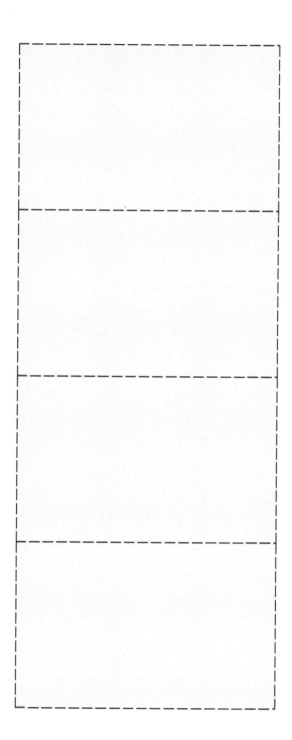

オーディオ教材とフラッシュカードのダウンロード方法について

以下のリンクにアクセスしてください

www.italianospontaneo.com/frasario-giapponese/

Lightning Source UK Ltd.
Milton Keynes UK
UKHW050646140521
383707UK00006B/60